내 마음에
반창고가 필요할 때
스티커를 붙여보세요.

엄지와 검지로 즐기는 감성 스티커 아트북

마음을 붙이는 시간

동글동글연이 쓰고 그림

How To

1. 어디든지 자리를 잡고 앉아요.

2. 이 책은 순서대로 하지 않아도 괜찮아요.
차례를 보고 마음이 끌리는 그림을 골라 보세요.

3. 왼쪽 페이지에는 이야기가, 오른쪽 페이지에는
미완성인 그림이 기다리고 있어요.

4. 그림에 자유롭게 스티커를 붙이거나 부담 없이 편하게 쓱쓱- 그리고,
마음에 드는 색을 칠해도 좋아요.

5. 뒷면에 그림 완성 예시 이미지와 스티커가 있어서
쉽게 시작할 수 있어요.

6. 완성된 그림은 SNS에 올려서 나를 표현해 보세요.

Contents

Spring
새롭게 피어오르는 **봄**

봄맞이 선물 *14*
드라이플라워 *16*
봄의 왈츠 *18*
미술관 산책 *20*
큰 그림을 그리자 *22*
꿈속 동물원 *24*
나만의 머그컵 *26*
에코백 만들기 *28*
여유로운 아침 *30*
봄날의 테라리움 *32*

Summer
부드럽게 나아가는 **여름**

여름의 얼굴(1) *38*
여름의 얼굴(2) *40*
여행을 떠나요 *42*
아쿠아리움 *44*
마음 표지판 *46*
타투 *48*
빙수 먹는 날 *50*
부루마블 *52*
딴생각 *54*
여름날의 테라리움 *56*

Autumn

다채롭게 물들어 가는
가을

- 공간, 공감 62
- 커피 한 잔의 여유 64
- 말풍선 66
- 소우주 68
- 가을 나무 70
- #토스트 아트 72
- 명화 감상 74
- 해피 할로윈 76
- 나른한 오후 78
- 가을날의 테라리움 80

Winter

아름답게 간직하는
겨울

- 마트료시카 85
- 눈사람 88
- 돌멩이에 그림 그리기 90
- 케이크 만들기 92
- 길고양이 94
- 영화 보러 가요 96
- 크리스마스 트리 98
- 온천 여행 100
- 스노우볼 102
- 산 할아버지에게 104

작가의 말 106

봄은 늘 그랬다.
특유의 간지러운 느낌으로
괜히 평소보다 들뜨게 만들었다.

새롭게 피어오르는 · 봄

봄맞이 선물

길을 가다 발견한
꽃집을 지나치지 못하고
꽃을 한 다발 샀어.

딱히 꽃을 줄 일이 있거나,
생각나는 사람이 있는 것도 아니었지만

그냥, 그냥.

봄은 늘 그래.
특유의 그 간지러운 느낌으로
괜히 평소보다 들뜨게 만들지.

드라이플라워

봄의 왈츠

봄이 왔어.
다들 일어날 시간이야!

다 함께 봄을 연주하자.
아직 잠에서 깨지 못한 친구들을 위해.

벚꽃의 리듬을 따라 연주하자!

하나!
둘!
셋!

미술관 산책

큰 그림을 그리자

작은 종이 위에서
길을 벗어날까 봐
망설이던 시간들.

몇 번을 머뭇거리다
작은 종이보다
더 작게 웅크렸던
지난날들을

이제는
보내 주려 해.

꿈속 동물원

나만의 머그컵

겨울이 가고 봄이 찾아왔지만
아직 추위가 머물러 있던 날.

호호 불던 손을
따뜻한 커피를 가득 담은
머그컵에 옮겨 둘렀지.

그렇게 얼마가 지나니
두 손바닥에 닿은 온기가
온몸을 녹여냈어.

고작 두 뼘의 온기가.

에코백 만들기

여유로운 아침

꿀맛 같은 잠을 떨쳐 내고
졸린 눈을 비비며
예쁜 그릇에 아침을 담아 보는 거야.

오늘도 어김없이
스스로의 안녕을 바라며
그렇게 하루를 깨우자.

봄날의 테라리움

여름날 내리쬐는 햇볕은
나도 모르는 사이에
살갗을 빨갛게 태웠다.

부드럽게 나아가는 · 여름

여름의 얼굴 (1)

뙤약볕에 앉아야만
꼭 이 여름을 온전히 느낄 수 있는 걸까.

온몸이 땀에 젖고
더위에 지쳐 쓰러져야만 뜨거운 여름일까.

시원한 선풍기 바람 쐬며
적당한 더위만 느껴도
충분히 무더운 여름인데 말이야.

여름의 얼굴 (2)

여행을 떠나요

가끔은 그냥 떠나는 것도 좋잖아.
늘어진 해를 등지고 계속 걸어가는 거야.

딱히 목적지가 있지 않아도 괜찮아.
그날의 기분으로.
그날의 느낌으로.

아쿠아리움

마음 표지판

그럴 때 있잖아.
괜히 혼자인 느낌이 들어 외로운데
모순되게, 혼자 있고 싶을 때.

시원하게 텅텅 비워 내고 싶은데
동시에, 꽉 찬 온기는 느끼고 싶을 때.

마음은 참 복잡해.
내 마음인데도 말이야.

타투

빙수 먹는 날

이런저런 일들에 치여
마음에 꽁꽁 언 얼음처럼
딱딱한 굳은살이 생겼어.

큰 기쁨도 없고, 큰 슬픔도 없는
이 무덤덤해진 마음이
그렇게 싫은 건 아니지만

가끔은 조금씩 깎아내
온전히 마주하고 싶기도 해.

곱게 곱게   갈아 보자!

부루마블

딴생각

괜히 그런 날이 있지.
뭘 해도 안 되고
그래서 더 하기 싫은.

그럴 때 일수록
더 해야 한다고 하던데

…라고 생각만 하게 되는 날.

여름날의 테라리움

색색의 옷을 입은 낙엽은
이내 떨어져 길 위를 장식했다.
그 길은 걷는 소리마저 아름다웠다.

다채롭게 물들어 가는 · 가을

공간, 공감

모든 일과가 끝난 뒤
나의 작은 하루들이
고스란히 담기는 곳.

꾹꾹 눌러 담았던
감정들을 맘껏 풀어놓고
천천히 되돌아보는 곳.

그렇게 어느새
내가 가득한 곳.

커피 한 잔의 여유

말풍선

잘하고 있는 걸까.
지금 이게 맞는 걸까.

정답 없는 생각들이 꼬리를 물고
점점 불안의 끝을 파고들 때

마음으로 다듬어진 말이
마음에 닿아 크게 울려.

어쩌면 지금은 우리에게는
따뜻한 말 한마디가
해답으로 가는 큰 힘이 아닐까.

소우주

가을 나무

굳이 같은 속도로 피어나려
애쓰지 않아도

어느샌가 너만의 색깔로 익어
아름다움을 발하는
멋진 순간이 왔어.

#토스트 아트

명화 감상

그림을 보는 것도 좋지만
그림을 보는 네 얼굴을 보는 것도 좋아.

어떤 생각 속에서
어떻게 바라보고 있는지
한참을 들여다봐도
정확히 알 수는 없지만

미묘하게 변하는 표정들이
어느 작품보다 좋을 때가 있거든.

역시 수염을 그리니
털보를 닮았어!

해피 할로윈

나른한 오후

이 나른한 오후가 계속되었으면 좋겠어.

딱히 특별한 일이 없는,
너무 평범해서 좋은 이 시간이

다른 날보다
조금 더디게 가길 바랄 뿐이야.

가을날의 테라리움

함박눈,
밤새 조용히 내려앉아
모든 것을 포근하게 감싸 안았다.

아름답게 간직하는 · 겨울

마트료시카

껍데기를 하나씩 벗어던지니
세상은 한없이 커졌고
나는 한없이 작아졌지.

모든 껍데기가 사라지고
비로소 아주 작은 나를 마주했을 때,
마음만은 크고 단단할 수 있길.

눈사람

돌멩이에 그림 그리기

① 산책길에 표면이 매끈한 돌멩이를 주워요.

② 주워 온 돌멩이를 깨끗하게 닦아요.

③ 물감, 붓, 마커 등 그림도구를 준비해요.

④ 돌멩이 위에 그리고 싶은 것을 자유롭게 그려요.

⑤ 그림이 마르고 난 후, 방수 스프레이를 뿌리면 완성!

★ tip : 우리에게는 스티커가 있어요!

케이크 만들기

길고양이

매일 같은 표정과
같은 자세로

멀리 떨어져 있지도,
그렇다고 가깝지도 않은 거리에서

가만히 앉아
천천히 눈을
감았다가 떴다가

작은 신호이지만
크게 느껴지는 마음.

항상 고마워!

영화 보러 가요

크리스마스 트리

크리스마스 트리를 만들며
산타 할아버지를 기다리던 때가
가물가물할 정도로 시간이 흘렀어.

언제부터 산타 할아버지의 존재가
거짓말이 되었는지는 모르겠지만

크리스마스가 가까이 다가오면
괜히 그 거짓말을 다시 믿고 싶어.

온천 여행

스노우볼

어떨 땐 세상이 흔들고
어떨 땐 스스로 흔들리고

그렇게 흔들리다
마침내 자리하고 바라보았을 땐

여느 때보다
아름다운 풍경이 펼쳐져 있지.

산 할아버지에게

작가의 말

우리는 모두 과정을 겪지요.
때때로 자신의 길이 정답인지 아닌지
불안하고 초조하기도 할 거예요.

하지만 우리는 이미 어렴풋이 알고 있어요.
사실 정해진 답은 없다는 것을요.
우리는 모두 다르니까
각자의 풀이대로 가는 것이
가장 좋은 해답이 아닐까요?

이 책도 그래요.
준비물은 '마음대로 하겠다는 마음'만 있으면 되지요.
미완성의 그림에 내 취향을 한껏 살려
자유롭게 스티커를 붙이고, 쓱쓱- 그려보아요.

『마음을 붙이는 시간』과 만나는 이 시간만큼은
즐겁고 편안한 마음으로
한껏 여유를 느낄 수 있으면 좋겠어요.

이 책이 당신의 일상에
작은 이벤트가 될 수 있기를 바라며,
동글동글연이 드림

앞 페이지 그림에
스티커를 자유롭게 붙여서
완성해 보세요!

p.19

p.21

p.23

p.25

p.27

p.29

p.31

p.33

앞 페이지 그림에
스티커를 자유롭게 붙여서
완성해 보세요!

p.39

p.41

p.43

p.45

p.47

p.49

p.51

p.53

p.55

p.57

앞 페이지 그림에
스티커를 자유롭게 붙여서
완성해 보세요!

p.67

p.69

p.71

p.73

p.75

p.77

p.79

p.81

앞 페이지 그림에
스티커를 자유롭게 붙여서
완성해 보세요!

p.87

p.89

p.91

p.93

p.95

p.97

p.99

p.101

p.103

p.105

엄지와 검지로 즐기는 감성 스티커 아트북
마음을 붙이는 시간

초판 1쇄 인쇄 2018년 5월 3일
초판 1쇄 발행 2018년 5월 17일

지은이 동글동글연이
펴낸이 김선식

경영총괄 김은영
책임편집 김누 **디자인** 김누 **크로스교** 이호빈, 봉선미 **책임마케터** 이주화
콘텐츠개발5팀장 박현미 **콘텐츠개발5팀** 이호빈, 봉선미, 양예주, 김누
마케팅본부 이주화, 정명찬, 이고은, 기명리, 김은지, 유미정, 배시영
전략기획팀 김상윤
저작권팀 최하나, 추숙영
경영관리팀 허대우, 권송이, 윤이경, 임해랑, 김재경, 한유현

펴낸곳 다산북스 **출판등록** 2005년 12월 23일 제313-2005-00277호
주소 경기도 파주시 회동길 357 3층
전화 02-702-1724(기획편집) 02-6217-1726(마케팅) 02-704-1724(경영관리)
팩스 02-703-2219 **이메일** dasanbooks@dasanbooks.com
홈페이지 www.dasanbooks.com **블로그** blog.naver.com/dasan_books
종이 (주)한솔피앤에스 **출력·제본** 갑우문화사

ISBN 979-11-306-1678-0 (13630)

· 책값은 뒤표지에 있습니다.
· 파본은 구입하신 서점에서 교환해드립니다.
· 이 책은 저작권법에 의하여 보호를 받는 저작물이므로 무단 전재와 복제를 금합니다.
· 이 도서의 국립중앙도서관 출판시도서목록(CIP)은 서지정보유통지원시스템 홈페이지(http://seoji.nl.kr)와
  국가자료공동목록시스템(http://www.nl.go.kr/kolisnet)에서 이용하실 수 있습니다. (CIP제어번호 : CIP2018011447)

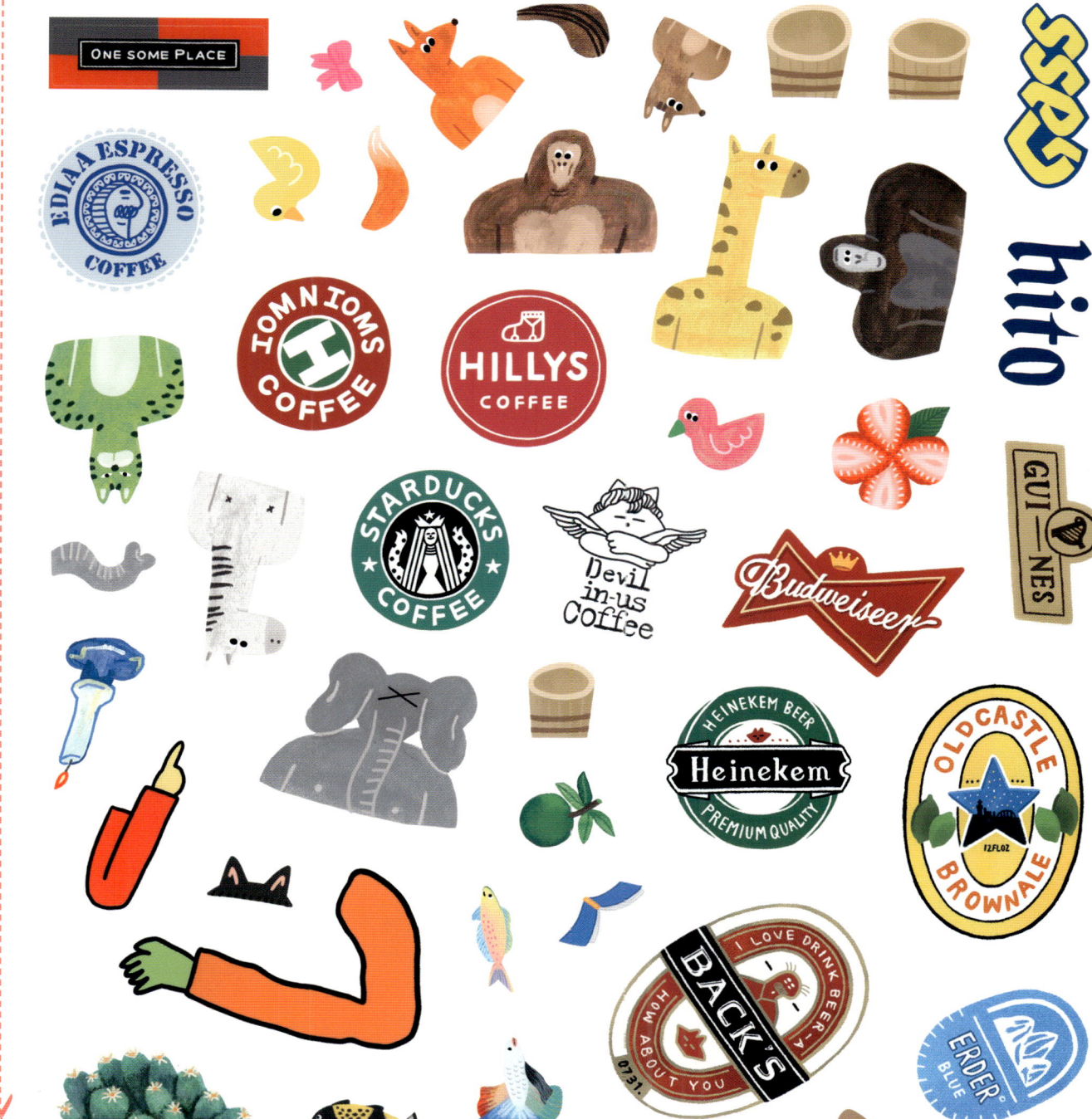